LA

FRANCE ET LA PRUSSE

RESPONSABLES

DEVANT L'EUROPE

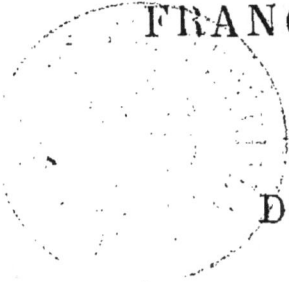

LA
FRANCE ET LA P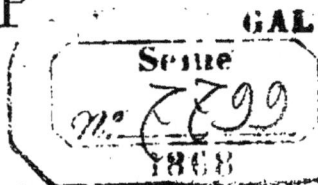

RESPONSABLES

DEVANT L'EUROPE

PAR

M. GUIZOT

PARIS

MICHEL LÉVY FRÈRES, LIBRAIRES ÉDITEURS

RUE VIVIENNE, 2 BIS, ET BOULEVARD DES ITALIENS, 15

A LA LIBRAIRIE NOUVELLE

1868

I

La Question : Aurons-nous la paix
ou la guerre?

Un fait étrange et pourtant naturel
est le caractère dominant de notre situation politique. Au milieu d'une pro-
fonde tranquillité matérielle, une inquiétude obstinée possède les esprits
et suspend les affaires. Aurons-nous la
paix ou la guerre ? Les imaginations
et les conversations tournent sans re-
lâche autour de cette question. Les

intérêts et les travaux languissent et souffrent, attendant avec impatience qu'elle soit résolue.

Ce n'est pas la faute du langage des gouvernements, du nôtre autant au moins que des gouvernements étrangers, si elle reste ainsi posée. Les assurances pacifiques n'ont jamais été plus positives, plus répétées. Évidemment le pouvoir s'inquiète de l'inquiétude publique et voudrait la dissiper. Lui aussi il a des intérêts qui en souffrent; après tant de secousses, le pouvoir ne saurait se passer longtemps de la sécurité et de la prospérité du pays.

Le langage pacifique que tient parmi

nous le pouvoir ne serait-il qu'une tactique prudente, un moyen de gagner du temps jusqu'à ce qu'il soit prêt pour la guerre, ou qu'un motif plausible et une occasion favorable se présentent à lui pour y entrer? Il n'est pas interdit aux plus puissants gouvernements de garder le silence sur leur vraie prévoyance et de donner quelque temps le change sur leurs desseins. Si, dans l'état actuel de l'Europe, la guerre était naturelle et probable, le gouvernement impérial aurait raison de ne pas en convenir d'avance, et d'attendre pour parler le moment d'agir avec chance de succès. Seulement, dans cette hypothèse, le gouvernement userait trop aujour-

1.

d'hui des affirmations pacifiques; entre
le pouvoir et le pays, la réserve est
quelquefois nécessaire et légitime ; le
mensonge ne l'est jamais.

Je suis persuadé que le gouvernement pense comme il parle, et qu'il
désire, qu'il espère en effet la paix qu'il
promet si souvent. Pourquoi donc ses
promesses sont-elles si peu efficaces ?
Pourquoi ne parvient-il point à dissiper
cette inquiétude qui lui pèse et lui nuit
autant qu'au pays ?

Y aurait-il dans la situation et la
disposition actuelle des États européens,
princes et peuples, quelque forte passion, quelque travail spontané et puissant qui, malgré les intérêts et les vœux

pacifiques, pousse à la guerre et doive fatalement l'amener ?

Ni chez les peuples ni chez les princes, rien de semblable ne se rencontre ; il n'y a maintenant point de nation en proie à la fièvre belliqueuse, point de chef d'État ardent à l'ambition et à la conquête.

II

La Question et les Peuples

I

LA FRANCE

La France a ressenti, de 1792 à 1815, le plus violent accès de fièvre belliqueuse qui ait agité l'Europe depuis les croisades. Le plus grand guerrier des temps modernes en a fait l'instrument de sa puissance et de sa gloire. Ces grands jours ne sont pas oubliés; le souvenir en est encore présent et populaire; le second empire en est la plus

éclatante preuve. A Dieu ne plaise que
je blesse un sentiment vrai et digne de
respect ! mais à quoi servirait l'intelli-
gence humaine si les souvenirs conti-
nuaient de gouverner, contre le bon
sens et l'expérience, la vie des nations?
L'expérience de la fièvre belliqueuse
révolutionnaire et impériale a été complète; le malheur des résultats a mis en
lumière le vice de la cause ; le droit
public et le bien public ont repris leur
rang dans la pensée publique; la France
s'est relevée pacifique des douloureuses
épreuves que lui avait infligées son accès
de fièvre belliqueuse. Elle est restée
fière, susceptible, ombrageuse, exi-
geante : ses susceptibilités et ses exi-

gences ont suscité, aux pouvoirs appelés à la gouverner, des difficultés et des
périls graves ; mais à travers ces émo-
tions du cœur national la paix a de
plus en plus dominé dans la pensée nationale : la France s'est de plus en plus
convaincue non-seulement que la paix
est l'état normal des sociétés civilisées,
mais que, pour nous en particulier, avec
notre récente histoire et dans l'état général de l'Europe, la paix est le gage
de la liberté au dedans et de l'influence
au dehors, aussi bien que de la prospérité matérielle et du bien-être de la
population.

Ce sera dans l'histoire l'honneur du
gouvernement de juillet 1830 d'avoir,

2

dès ses premiers jours, malgré les ap-
pàrences et les velléités contraires, clai-
rement reconnu, au fond des choses et
des âmes, cet intérêt et cet instinct pacifique de la France, et d'en avoir fait,
dans tout le cours de son existence,
la base de sa politique. Je n'ai garde de
rentrer dans les ardents débats qui se
sont élevés à ce sujet et auxquels j'ai été
longtemps appelé à prendre part ; mais
je me permettrai de reproduire ici ce que
j'ai dit ailleurs pour déterminer avec
précision le caractère essentiel du gouvernement de 1830 et les résultats de
sa politique dans cette suprême question
de la paix après tant d'années de guerre,
et de quelles guerres ! « Ce gouverne-

ment, ai-je dit [1], a eu l'honneur de naître d'une révolution accomplie pour la défense des lois et des libertés violées. Il a eu le malheur de naître d'une révolution, et d'une révolution accomplie aux dépens du principe essentiel de la monarchie, et avec le concours de partis et de passions qui dépassaient de beaucoup son but. Entreprise au nom des droits de la monarchie constitutionnelle, la révolution de 1830 a ouvert la porte aux tentatives républicaines et aux perspectives indéfinies de l'imagination humaine, honnêtes ou perverses. Le gouvernement de 1830 a courageusement

[1]. *Mémoires pour servir à l'histoire de mon temps*, t. VIII, p. 597.

fait le départ entre ces idées et ces
forces diverses déployées autour de son
berceau ; il a accepté comme sa source
et sa règle : 1° les droits de l'indépendance nationale, 2° le respect des lois,
des droits et des libertés publiques,
3° les principes et la pratique du régime
constitutionnel. Point d'intervention ni
d'immixtion étrangère dans les affaires
et les résolutions intérieures de la France;
point de lois d'exception ni de suspen-
sion des libertés publiques; les pouvoirs
constitutionnels en plein exercice et toujours appelés à débattre et à régler ensemble les affaires du pays.

« Le gouvernement de 1830 ne s'est
pas borné à mettre ces principes en pra-

tique à l'intérieur et pour la France elle-
même ; ils ont présidé à ses relations
avec les autres États, spécialement avec
les États assez voisins de la France pour
que leur situation et leur destinée im-
portent à la sienne. Il a déclaré qu'en
Belgique, en Suisse, en Piémont, en
Espagne, il ne souffrirait aucune intervention étrangère sans y intervenir aussi
dans l'intérêt français. En reconnaissant
le droit de ces peuples à modifier leurs
institutions, il a efficacement protégé,
tout autour de la France, l'indépendance
nationale de ses voisins et l'établissement ou les progrès du régime constitutionnel. A coup sûr, ce n'était pas là
une politique facile à faire accepter de la

2.

plupart des grandes puissances européennes au sortir d'un temps plein de guerres,
de conquêtes et d'interventions étrangères: Pourtant le gouvernement de
1830 y a réussi, et c'est au nom de la
paix européenne qu'il y a réussi. Le congrès de Vienne avait fondé la paix européenne sur la domination générale des
grandes puissances et le régime station-
naire des États. Le gouvernement de 1830
a maintenu la paix européenne en en bri-
sant les pesantes conditions. Il a concilié
les bienfaits de la paix avec l'indépendance
des peuples et les progrès de la liberté.

« Les politiques clairvoyants de l'Europe ne se sont pas mépris sur les résultats de cette conduite du gouvernement

de 1830 pour la grandeur de la France.
Le 24 février 1848, au moment même
de la chute imprévue de ce gouvernement, le chancelier de l'empire russe,
le comte de Nesselrode, écrivait à l'ambassadeur de Russie à Londres : « La
« France aura gagné à la paix plus que
« ne lui aurait donné la guerre. Elle se
« verra entourée de tous côtés d'un rem-
« part de petits États constitutionnels,
« organisés sur le type français, vivant
« de son esprit, agissant sous son in-
« fluence [1]. »

Contenue par les traditions et les

_____

1. Le texte entier de cette dépêche a été publié
par M. Garnier-Pagès, dans son *Histoire de la
Révolution de 1848,* t. III, *Appendice*, p. 361.

exemples du gouvernement même qu'elle
venait de renverser, ou subissant à son
tour l'empire de l'intérêt et de l'instinct
pacifique de la France, la république de
1848 a gardé au dehors, autant que le
lui permettaient son berceau et son nom,
la même attitude que la monarchie de
1830 ; elle a non-seulement maintenu
en fait, mais proclamé en principe la
politique de la paix : « La guerre, écrivait le 5 mars 1848 M. de Lamartine à
tous ses agents diplomatiques, la guerre
n'est pas le principe de la république
française, comme elle en devint la fatale
et glorieuse nécessité en 1792. Entre
1792 et 1848, il y a un demi-siècle.
Revenir après un demi-siècle au prin-

cipe de 1792 ou au principe de conquête
de l'empire, ce ne serait pas avancer, ce
serait rétrograder dans le temps. La
révolution d'hier est un pas en avant,
non en arrière. Le monde et nous, nous
voulons marcher à la fraternité et à la
paix... Ce n'est pas la patrie qui court
les plus grands dangers dans la guerre;
c'est la liberté. La guerre est presque
toujours une dictature. Les soldats oublient les institutions pour les hommes.
Les trônes tentent les ambitieux. La
gloire éblouit le patriotisme. Le prestige
d'un nom victorieux voile l'attentat contre la souveraineté nationale. La république veut de la gloire sans doute ; mais
elle la veut pour elle-même, non pour

des Césars ou des Napoléons... Elle n'in-
tentera la guerre à personne [1]. »

Certes le désaccord était immense
entre de telles paroles et le chaos tumul-
tueux au milieu duquel elles étaient
lancées ; mais l'intérêt et l'instinct de la
France étaient si clairs, qu'au sein même
de ce chaos l'esprit pacifique l'emporta
sur l'effervescence révolutionnaire, et la
république de 1848, qui soulevait dans
les rues de Paris une si effroyable guerre
civile, ne porta la guerre hors de France
que pour aller à Rome défendre le pape
contre la république romaine.

1. *Histoire de la Révolution de 1848,* par
M. Garnier-Pagès, t. III, *Appendice,* p. 358, 360,
361.

Trois ans à peine écoulés, la république de 1848 s'agitait et dépérissait dans son impuissance à enfanter un gouvernement. Fort de son nom et du malaise du pays, le président que la France s'était donné lui rappela l'empire. En 1852, ce mot précéda et accompagna partout le prince Louis-Napoléon dans son voyage à travers les départements du midi, et lorsque, à Bordeaux, le 9 octobre, le moment lui parut venu de recueillir le fruit de ce retentissement, sa première parole claire et puissante fut : « L'empire, c'est la paix. C'est la paix, car la France la désire, et lorsque la France est satisfaite, le monde est tranquille. La gloire se lègue bien à titre d'héritage, mais non la guerre. Est-ce que les princes qui s'honoraient justement d'être les petits-fils de Louis XIV ont recommencé ses luttes? La guerre ne se fait pas par plaisir, elle se fait par nécessité; et à ces époques de transition où partout, à côté de tant d'éléments de prospérité, germent tant de causes de mort, on peut dire avec vérité : Malheur à celui qui le premier donnerait en Europe le signal d'une collision dont les conséquences seraient incalculables!»

Depuis son avénement, l'empereur Napoléon a fait trois guerres : en Crimée, en Italie, au Mexique. Je n'ai pas le dessein d'en apprécier ici les motifs et les résultats; je relève seulement deux

faits. Ces trois guerres ont été des guerres
politiques plus ou moins bien conçues et
conduites, mais en tout cas entreprises
pour un but et par une volonté de gouvernement, non sous la pression d'une
idée ou d'une ambition nationale qui en
ait imposé au pouvoir l'effort et le péril.
L'empereur Napoléon a si bien senti
cette situation et la responsabilité qui
en résultait pour lui, qu'il s'est empressé
de terminer par de prompts traités, à
Paris et à Villafranca, les deux pre-
mières de ces guerres dès que leur but
politique lui a paru suffisamment atteint,
et il s'est résigné, tristement sans doute,
à se décharger de la troisième quand il
en a trouvé le fardeau moral et matériel

trop lourd, même pour sa puissance.

Quand j'insiste sur le caractère commun de ces trois guerres comme œuvre propre du gouvernement, je n'entends point affranchir le pays lui-même et ses représentants de la part de responsabilité qui leur en revient. Malgré tout ce qui a manqué depuis vingt ans aux libertés de la France, il lui en restait assez pour saisir, si elle eût su ou voulu le faire, une influence décisive sur ses affaires, et il y a eu, dans notre récente histoire politique, plus d'imprévoyance et de faiblesse de la part de la nation que de ténacité oppressive de la part du pouvoir. Les guerres de Crimée et d'Italie ont été plutôt approuvées que redoutées

du pays, qui a pris un patriotique plaisir
à leur gloire et s'est félicité outre mesure, à mon sens, de leur succès. La
guerre du Mexique a été tolérée ou subie
avec une aveugle docilité, contre le
pressentiment et le blâme publics. Ce
que je n'hésite point à affirmer, c'est
que, dans les trois cas, ce n'est pas le
pays qui, par sa conviction et sa passion
propres, a provoqué son gouvernement
à la guerre et lui en a fait une nécessité.
Après les campagnes de Crimée, d'Italie
et du Mexique, l'empereur Napoléon
eût pu dire avec raison et aux acclama-
tions générales, comme en 1852 à Bordeaux : « La France désire la paix. »

Restauration, monarchie de 1830, ré-

publique ou empire, tous les gouvernements qui se sont succédé parmi nous
depuis 1815 ont trouvé la France essentiellement pacifique. Elle a subi à
cet égard toutes les épreuves possibles;
elle a été appelée tantôt à défendre ses
libertés, tantôt à se défendre de l'anar-
chie; elle a fait ou laissé faire des révolutions tantôt populaires, tantôt militaires; elle a essayé et renversé ou laissé
tomber les gouvernements les plus divers; elle a eu, pour la représenter et
la diriger, des assemblées élues tantôt
par le suffrage limité, tantôt par le suffrage universel. Au milieu de tant de
crises violentes et discordantes, malgré
les tentations qu'elles lui suscitaient et

les fautes qu'elles lui faisaient commettre, la France s'est contenue chez elle, dans son territoire, dans ses propres droits nationaux; elle n'a point cherché de conquêtes, elle n'a point fait de propagande armée; avec plus ou moins de complication et d'hésitation, la politique pacifique a toujours prévalu sur les traditions et les fantaisies révolutionnaires ou guerrières. Elle est aujourd'hui plus que jamais la pensée et le vœu de la France; amis ou adversaires du pouvoir, conservateurs ou libéraux, aucun des partis qui se disputent la sympathie nationale n'est possédé de la fièvre belliqueuse; la nation elle-même y est encore plus étrangère que les partis; son expé-

3.

rience du passé l'en détourne; ses espé-
rances pour l'avenir la portent vers
d'autres sources d'activité, de bien-être
et de grandeur. Si la guerre devait res-
saisir l'Europe, ce ne serait certainement
pas la France elle-même qui en prendrait l'initiative et y provoquerait son
gouvernement; aujourd'hui plus encore
qu'en 1852, « la France désire la paix. »

II

L'ANGLETERRE

L'Angleterre n'a pas subi les mêmes épreuves que la France, et c'est par d'autres raisons qu'elle aussi elle est pacifique, la plus pacifique des grandes nations européennes. S'il y a un fait rare dans le monde, c'est qu'au lieu d'enivrer les hommes, individus ou nations, la puissance et la grandeur les modèrent et les contiennent. C'est pour-

tant ce qui arrive de nos jours en Angleterre. Il y a vingt ans, si je ne me
trompe, une sédition grave éclata dans
l'une des colonies anglaises, — l'île de
Ceylan. Le gouverneur, lord Torrington,
la réprima fermement, d'autres disent
rigoureusement; un prêtre bouddhiste fut
exécuté. Ces rigueurs firent grand bruit
à Londres, où je me trouvais alors; lord
Torrington fut très-attaqué. J'en causais
un jour avec M. Gladstone : « Que vou-
lez-vous? me dit-il; il est impossible de
gouverner nos colonies comme on le faisait autrefois; tout ce qui s'y passe, tout
ce que font leurs gouverneurs est aussi
répandu, aussi discuté, aussi critiqué en
Angleterre que si cela se passait à Lon-

dres même ; la responsabilité du gouverneur d'une colonie à mille lieues d'ici
est aussi étendue, aussi vive, aussi mi-
nutieuse, aussi difficile à porter que celle
d'un membre du cabinet présent tous les
jours dans nos chambres. Cela n'est pas
praticable : on ne juge pas de si loin, ni
si vite, ni sur quelques lettres et sur des
bruits publics les actes d'un homme absent sur un théâtre presque inconnu ; cet
absent ne supporterait pas le poids de
son pouvoir, s'il se sentait à chaque mi-
nute responsable à ce point de ses moin-
dres démarches ou paroles devant des
juges si éloignés et si peu informés. Au
degré où sont parvenues aujourd'hui la
publicité et la responsabilité, à quelque

distance que se passent les faits, il faut que les colonies se gouvernent à peu près elles-mêmes, et que la métropole n'ait pas à répondre tous les jours, à toute heure, de tout leur gouvernement. Ce sera un régime colonial nouveau à établir; mais où ne faut-il pas du nouveau aujourd'hui? »

L'Angleterre a été de l'avis de M. Gladstone; le gouvernement de presque toutes les colonies anglaises a été remis presque tout entier aux colonies elles-mêmes; la couronne et le parlement n'en sont plus guère que des surveillants dont l'intervention est limitée et rare. La responsabilité du pouvoir était devenue trop continue et trop lourde; pour s'en décharger, il a accepté la liberté des sujets.

Un fait plus rare encore s'est accompli naguère en Angleterre : sur les instances répétées des îles Ioniennes, elle leur a rendu leur complète indépendance, qu'elles ont aussitôt échangée contre leur annexion au royaume de Grèce. Je cherche en vain dans l'histoire un autre exemple d'un grand État renonçant ainsi à l'une de ses possessions librement, gratuitement, sans aucune nécessité ni pression politique, uniquement par des considérations morales et pour ne pas s'entendre sans cesse accuser de ne tenir aucun compte des droits et des vœux d'un petit groupe d'hommes. C'était encore là une responsabilité, sans péril à coup sûr, mais non sans déplaisir, que le gouvernement anglais n'a pas voulu plus longtemps accepter.

Le constant et poignant sentiment de la responsabilité, c'est là le frein le plus efficace à l'ambition et à la tyrannie humaine ; c'est en même temps le meilleur gage comme la meilleure preuve de la liberté politique, car c'est seulement en présence de la liberté et de la publicité que le sentiment de la responsabilité du pouvoir se développe et s'établit fortement. Ce sentiment est devenu constamment présent et puissant dans la pensée et la conduite des grands pouvoirs qui gouvernent l'Angleterre, couronne et parlement. D'une part, ils n'oublient jamais le droit

qu'a le pays, non-seulement d'être bien
gouverné, mais d'intervenir lui-même
dans son gouvernement et de le contrô-
ler ; d'autre part, ils ne perdent jamais
de vue le régime de publicité et de discussion continue au sein duquel le pouvoir vit et agit. C'est dans ce régime et
par ses leçons que le gouvernement anglais a appris à modérer ses ambitions,
à bien peser ses entreprises, et à régler,
selon le bon sens et l'intérêt public,
l'exercice de sa puissance. Il vient d'en
donner dans sa campagne d'Abyssinie
un éclatant exemple. Que serait-il arrivé
autrefois, en pareille circonstance? et
quand je dis autrefois, ce n'est pas à des
siècles reculés que je me reporte. Les

4

outrages du roi Théodore envers les
agents consulaires de l'Angleterre auraient amené une guerre de conquête et
l'extension de la domination anglaise sur
l'Abyssinie; le gouvernement anglais aurait vu là une occasion favorable d'agran-
dir encore le théâtre de sa puissance. Il
n'est pas tombé dans celte ambitieuse et
belliqueuse ornière; il se trouve assez
puissant dans le monde, et, grâce à la
responsabilité qui pèse sur lui, il sait se
régler et se contenir dans ses désirs et
ses œuvres. C'est ainsi qu'il est devenu
réservé et pacifique. Il doit à l'influence
de la liberté sur le pouvoir et au sentiment de la responsabilité qu'elle lui im-
pose, l'acquisition de cette rare sagesse.

Je lui souhaite de conserver en même
temps un profond sentiment des droits
comme de la dignité du pouvoir, et de
ne pas tomber dans une faiblesse com-
plaisante pour les exigences et les impa-
tiences sans mesure de cette autre puissance, aujourd'hui si envahissante et si
imprévoyante à son tour, l'ambition
populaire.

Un autre fait, non moins nouveau, est
pour beaucoup dans l'esprit pacifique qui
prévaut si hautement en Angleterre. L'inquiétude et la jalousie haineuse envers
la France ont cessé d'y être un sentiment continu et national. De nos jours,
pour la première fois depuis des siècles,
l'Angleterre a reconnu que non-seule-

ment la paix matérielle; mais les bons
rapports et souvent même l'entente cor-
diale avec la France lui étaient fortement
conseillés par son intérêt bien entendu,
l'intérêt de sa prospérité intérieure comme
celui de sa situation européenne. Plusieurs occasions de sympathie morale se
sont jointes aux conseils de l'intérêt bien
entendu; les deux peuples se sont visités,
connus, compris, mieux qu'ils ne l'avaient
encore fait; le gouvernement anglais,
quelque divers qu'aient été ses chefs, a
rencontré en France, de 1815 jusqu'à
ces derniers jours, trois gouvernements
très-divers aussi, mais qui, tous trois,
ont compris l'importance des bons rapports avec l'Angleterre, et qui, malgré

des questions délicates et des nuages passagers, se sont appliqués et ont réussi à les maintenir. La restauration, la monarchie de juillet et le second empire ont, au fond et dans l'ensemble, pratiqué à cet égard la même politique. C'était par sa rivalité et ses luttes répétées avec la France que l'Angleterre se voyait sans cesse attirée dans les guerres du continent européen, et jetée hors de sa politique naturellement pacifique sur ce continent, où depuis trois siècles elle n'a plus aucune prétention de rien conquérir. La cessation de l'hostilité permanente avec la France a rendu à la politique pacifique de l'Angleterre en Europe toute sa liberté; les liens de tout genre

4.

qui se sont établis entre les deux peuples
ont de jour en jour affermi cette nouvelle
situation. La paix européenne est, aujour-
d'hui plus que jamais, la pensée, l'intérêt
et le soin assidu de l'Angleterre. Je ne
veux pas pressentir ce qu'elle ferait si
elle voyait la France rompre volontairement cette paix; je ne conseillerais pas à
mon pays de compter en pareil cas sur
l'indifférence et l'immobilité qui président, dit-on, maintenant à la politique
extérieure de l'Angleterre; mais à coup
sûr le gouvernement anglais sera toujours prêt à s'entendre avec celui de la
France pour maintenir ou rétablir la paix
sur le continent européen.

III

L'ALLEMAGNE — LA PRUSSE

C'est l'Allemagne qui est aujourd'hui la nation révolutionnairement belliqueuse de l'Europe. Quand j'appelle l'Allemagne une nation, je n'ai garde de vouloir trancher la plus grande peut-être des grandes questions qui nous agitent aujourd'hui. Parce qu'elle dérive de la même race et parle la même langue, est-ce en effet une seule et même nation que la nom-

breuse population qui habite, au centre
de l'Europe, le vaste territoire qu'on appelle l'Allemagne?

Oui, il y a, dans la similitude de race
et de langage, un fait important et un
lien national qui ne sont ni sans droit ni
sans force. Non, ce fait et ce lien ne sont
pas, bien s'en faut, les seuls qui président à la formation et à l'organisation
politique des États, et qui aient droit de
régler leur destinée.

La nation allemande en est elle-même
une éclatante preuve. Elle a concouru,
elle concourt encore de nos jours à la
formation et à l'existence de plusieurs
États divers dont elle est devenue et dont
elle reste un élément très-intimement et

légitimement incorporé. Il y a des populations allemandes de race et de langue en France, en Suisse, en Hollande, en Russie, aux États-Unis d'Amérique. Est-ce à dire qu'elles n'appartiennent pas, en droit comme en fait, à l'État dans lequel l'histoire les a fait entrer, et qu'elles puissent invoquer ou qu'on puisse invoquer en leur nom leur origine et leur langue pour les faire entrer, en vertu du principe des nationalités, dans un État allemand unitaire par ses habitants comme par son nom?

Un prince éminent par l'étendue, la sagacité et la fermeté de son esprit, le feu roi de Wurtemberg Guillaume Ier, m'écrivait de Stuttgart, le 5 décembre

1850 : « Les affaires de l'Europe se
trouvent dans un état bien compliqué.
La France et l'Allemagne cherchent également à réorganiser la stabilité de leurs
gouvernements sur des principes dura-
bles et conservateurs; mais la France a
le grand avantage d'avoir l'expérience de
son histoire et d'avoir un seul but. L'Allemagne est un grand peuple, mais non
pas une nation, et ses différents peuples
ont une histoire et des intérêts très-dis-
tincts, ce qui rendra la reconstruction
d'une ligue allemande très-difficile. Pourtant la paix, la sûreté de notre avenir,
la stabilité de nos institutions dépendent
essentiellement de l'assiette future de la
France et de l'Allemagne. »

Le roi de Wurtemberg pressentait dès
lors les difficultés que rencontreraient et
les erreurs que soulèveraient en Allemagne quelques-uns des principes politiques qui ont heureusement influé sur
les destinées de la France. Il y a dans la
façon dont on entend et dont on exploite
aujourd'hui presque dans toute l'Europe
deux de ces principes, la nationalité et
l'unité, un verbiage et une charlatanerie
par lesquels il n'est pas permis à des
hommes sensés de se laisser abuser ou
intimider. Non-seulement la diversité des
races et des langues, dans ces sociétés
organisées qu'on appelle une nation et
un État, est un fait qui de tout temps
s'est introduit et maintenu dans l'his-

toire ; mais ce fait a puissamment contri-
bué au développement moral et social
des hommes, au progrès de la civilisation générale ; il entre évidemment dans
le plan de la Providence divine sur le
genre humain.

Je n'en dis pas plus ici sur ces préten-
·dues lois d'une politique chimérique ou
hypocrite, et je rentre dans l'apprécia-
tion des faits et des droits réels desquels
dépendent aujourd'hui le maintien ou la
ruine de la paix et de l'ordre en Europe.

Depuis et pendant des siècles, l'Allemagne a été une confédération d'États
indépendants, bien qu'inégaux, unis
entre eux dans une certaine mesure et
par certains liens. Les règles, les formes,

les noms, la portée de cette confédération, ont varié d'époque en époque. Les
États qui en faisaient partie se sont fait
entre eux la guerre ; ils ont adopté des
croyances religieuses et des législations
civiles diverses ; les uns se sont engagés
au dehors dans des alliances, tantôt bel-
liqueuses, tantôt pacifiques, opposées à
celles qu'embrassaient les autres ; mais à
travers ces variations et ces luttes, avec
un lien souvent très-faible et une vie intérieure souvent très-orageuse, la Confédération germanique a subsisté, et c'est
sous ce titre que l'Allemagne, bien que
divisée en un grand nombre d'États, a
conservé l'unité de son nom dans l'histoire de l'Europe.

5

Deux grands faits, l'un au xviii° siècle, l'autre de nos jours, ont profondé-
ment modifié, je devrais dire qu'ils ont
détruit cette ancienne organisation des
peuples allemands. Au xviii° siècle, par
le génie politique et militaire d'un grand
roi, Frédéric II, l'un des États confédé-
rés, la Prusse, a grandi en étendue extérieure et en force intérieure au point de
pouvoir disputer et de disputer en effet
la prépondérance, dans la confédération
allemande, à l'Autriche, qui la possédait
depuis plusieurs siècles. La révolution
française et Napoléon, par leurs idées et
leurs guerres, ont suspendu cette rivalité
des deux principales puissances allemandes, et abaissé tour à tour la Prusse

et l'Autriche, la première encore plus
que la seconde. Poussées à bout l'une et
l'autre, elles se sont relevées ensemble
dans le soulèvement général des populations allemandes pour s'affranchir du
joug de Napoléon et dans la grande
lutte qui a déterminé sa chute. La Confédération germanique s'est relevée aussi
alors, avec bien des mutilations et une
organisation nouvelle ; et au sein de la
confédération la rivalité de l'Autriche et
de la Prusse a reparu, mais atténuée et
contenue par l'effet prolongé de leur récente alliance guerrière, par les sentiments personnels des princes, par leur
crainte commune des révolutions et par
l'aversion des populations allemandes

contre toute influence de l'étranger, surtout de la France. Trente-quatre années
de paix européenne ont usé dans la Confédération germanique ces causes de
concorde intérieure, réelle ou apparente,
et semé les germes d'ambitions nouvelles,
populaires plus que royales. La révolution de 1848 a développé ces germes et
rallumé la rivalité des deux grandes
puissances allemandes ; la Prusse a paru
un moment toucher à la conquête du
titre et du pouvoir impérial en Allemagne ; une réaction amenée par l'empor-
tement et l'aveuglement des novateurs a
encore ajourné l'issue de la crise. Une
question bien petite en apparence, et que
la plus petite sagesse européenne eût pu

étouffer ou résoudre, la question des
droits constitutionnels débattus entre le
Danemark et le Holstein, a précipité les
événements. Un moment alliées pour faire
en commun un acte de prépotence allemande contre le petit peuple danois,
l'Autriche et la Prusse sont bientôt en-
trées dans une rupture violente; la bataille de Sadowa a mis d'un coup fin à
la lutte, et tranché une question infini-
ment plus grande que celle qui avait
donné naissance et prétexte au mouvement.

Il serait également puéril de voir dans
ce grand fait tout ce que les vainqueurs
de Sadowa ou des rêveurs systématiques
voudraient y faire voir, ou d'en mécon-

5.

naître la grandeur. Ce n'est pas le triom-
phe de la nationalité allemande, ni l'établissement de l'unité allemande : est-ce
en vertu et pour l'honneur du principe
des nationalités que les vainqueurs allemands de Sadowa ont expulsé de l'Allemagne et de la délibération commune sur
ses affaires les 8,782,000 Allemands qui
font encore partie de l'empire d'Autriche, et qu'ils retiennent sous la domination de la Prusse la portion du Schleswig
où la population est danoise? Est-ce que
l'unité allemande est établie lorsque d'une
part les 8,782,000 Allemands autrichiens
lui manquent, et que d'autre part quatre
États allemands du sud, la Bavière, le
Wurtemberg et les grands-duchés de

Hesse-Darmstadt et de Bade, se refusent à entrer dans la nouvelle ligue que, sous le nom de Confédération du Nord, la Prusse a formée autour de son drapeau victorieux? Est-ce que la Saxe, le Hanovre et la ville de Francfort font bien volontairement partie de cette nouvelle confédération, et regardent leur sort et leur vœu comme accomplis depuis qu'ils y sont incorporés? Les esprits sensés et fermes ne sauraient être à ce point dupes des mots et des apparences; il faut voir les faits tels qu'ils sont et les appeler de leur vrai nom : les idées et les mots de nationalité et d'unité allemande ont joué un rôle bruyant dans le grand événement de 1866, mais ils n'en constituent point

le vrai et sérieux caractère. Ce caractère, c'est un changement radical, accompli par une puissance allemande et à
son profit, dans l'état politique de l'Allemagne et de l'Europe : il n'y a plus de
confédération allemande, il n'y a plus
de lutte ni d'équilibre entre deux grands
États allemands; il n'y a plus d'indépendance ni de moyens assurés de résis-
tance pour les États allemands secon-
daires. Le fait de Sadowa est un fait
d'agrandissement et de conquête accompli par la force militaire de la Prusse et
par son influence dans l'ordre intellectuel
allemand; c'est l'œuvre de Frédéric II
reprise et poursuivie par son peuple plus
que par ses successeurs sur le trône;

c'est une puissance belliqueuse, ambitieuse et habile qui a décidément pris place parmi les plus grandes puissances de l'Europe.

Certes il y a là, pour les anciennes grandes puissances, de quoi se préoccuper fortement et prendre bien garde. Ce nouvel état de l'Allemagne leur fait à toutes, surtout à la France, une situation nouvelle et pleine de chances obscures. Il leur eût été facile de la prévenir; facilement elles auraient pu, par voie d'influence et de diplomatie, résoudre la question qui s'agitait entre l'Allemagne et le Danemark au sujet du Holstein et du Schleswig. Elles auraient ainsi étouffé une guerre qui n'a résolu

cette petite question qu'en en soulevant
tant d'autres et de bien plus grandes ;
mais la prévoyance et la résolution ont
également manqué dans cette circonstance aux grandes puissances européennes : par faiblesse envers les passions allemandes, l'Autriche a commis la
faute énorme de s'unir à la Prusse pour
écraser le Danemark ; par hésitation ou
par de mauvais calculs d'avenir, le gouvernement français, non-seulement n'a
pas pris dans cette affaire l'initiative qui
lui appartenait, il s'est refusé à la pro-
position d'action commune et au besoin
décisive que lui faisait le cabinet anglais ;
la Russie, dont la géographie et les liens
de famille semblaient faire la protectrice

naturelle du Danemark, n'a parlé que
pour l'acquit des convenances, bien aise
au fond d'assister aux divisions, aux
incertitudes et à l'inertie des grandes
puissances de l'Europe occidentale. La
Prusse seule a agi à propos et avec vi-
gueur, poursuivi un but nettement déterminé et pratique; elle s'est mise à la
tête de l'événement danois; il était naturel qu'elle seule profitât du succès et de
ses résultats.

On connaît ces résultats, ce sont des
faits accomplis. Je ne veux aujourd'hui
ni les raconter ni les discuter; c'est de
l'avenir, non du passé, que je me préoc-
cupe. Il s'est trouvé en Prusse un
homme qui a jugé l'occasion bonne pour

pousser loin, très-loin, la fortune de son
pays. Je ne connais pas personnellement
M. de Bismark; il y a déjà longtemps,
j'avais souvent entendu parler de lui par
des personnes qui le connaissaient bien,
et d'après leur langage il m'était arrivé
un jour de dire : « Il n'y a qu'un ambitieux et un audacieux en Europe, c'est
M. de Bismark. » Je ne savais pas dire
si vrai. Excité, je ne veux pas dire eni-
vré par son succès dans la question
danoise, M. de Bismark a réveillé et
ramené sur la scène la grande question allemande assoupie; il a entrepris
de faire enfin conquérir à la Prusse, en
Allemagne, cette domination à laquelle
elle aspire depuis si longtemps. Il a

réussi, non pas certes à résoudre pleinement et définitivement la question de
l'organisation et de l'avenir de l'Allemagne, mais à faire faire à cette question un grand pas au profit de sa patrie.
Depuis la chute de l'empereur Napo-
léon Ier, l'Europe n'avait rien vu d'aussi
téméraire que la guerre faite par la
Prusse à l'Autriche en 1866, ni aucun
succès aussi prompt et aussi décisif que
la bataille de Sadowa.

On dit qu'avant d'engager cette grande
lutte, M. de Bismark a essayé d'engager la France dans la cause de la Prusse,
et que, pour tenter le gouvernement impérial, il lui a offert d'ajouter le remanie-
ment de l'Europe à celui de l'Allemagne,

6

et de faire à la France, dans ce nouvel
accès de partage des peuples, une large
part. Je ne sais ce qu'il pouvait y avoir
de réel dans ces bruits, dont la Belgique
et la Hollande, entre autres, se sont vi-
vement émues ; je ne m'arrête pas à discuter des propos et des hypothèses. Quoi
qu'il en soit, si de telles ouvertures ont eu
lieu, l'empereur Napoléon III a fait sage-
ment de s'y refuser ; il ne s'est pas élevé
au trône en guerrier conquérant, et la
France n'a plus la passion des conquêtes.
A-t-il fait, en s'y refusant, tout ce qu'il
aurait pu faire pour arrêter ou limiter la
Prusse dans la voie d'ambition où la
lançait M. de Bismark, et pour influer
sur la réorganisation de l'Allemagne

selon le légitime intérêt de la France? Je
ne le crois pas; mais je laisse également
-de côté cette question; je cherche non
pas à faire ressortir dans le passé d'hier
les fautes de la politique française, mais
à démêler comment aujourd'hui, dans
l'état actuel des faits, elle devrait, à mon
sens, être conçue et conduite.

On ne saurait trop répéter que l'a-
grandissement de la Prusse et sa domination incontestée en Allemagne sont
pour la France des faits très-graves. Je
ne sais si, comme bien des gens le désirent et comme presque tous le disent, le
temps des petits États est tout à fait
passé; je les regretterais pour eux-
mêmes d'abord et comme des théâtres

très-propres, par leurs limites mêmes et
leur régime intérieur, à certains déve-
loppements des esprits et des caractères,
à une certaine virilité individuelle et domestique qui languissent et s'effacent
dans les grands empires. Je regretterais
aussi les petits États dans l'intérêt de la
France et sur ses frontières ; ils étaient,
pour sa sécurité et sa politique, des garanties et des points d'appui efficaces.
Le feu roi Guillaume de Wurtemberg,
que je citais tout à l'heure, me disait un
jour : « Si nous pouvions vraiment compter sur le gouvernement français, sur sa
stabilité et son bon vouloir sérieux, non
pas pour nous tenir sous sa dépendance
et à son service, comme faisait l'empe-

reur Napoléon de la confédération du
Rhin, mais pour nous soutenir dans notre
existence et nos droits allemands, nous
formerions en Allemagne, la Bavière, la
Saxe, le Hanovre et le Wurtemberg, les
quatre rois, comme on dit, avec plusieurs
de nos petits voisins, une confédération
capable de tenir un peu la balance entre
l'Autriche et la Prusse, et de concourir
à la sûreté de notre grand voisin français, comme à la paix européenne; mais,
dans la situation isolée et précaire où on
nous laisse, que pouvons-nous? » C'était
encore quelque chose que ces petits États
isolés, qui n'avaient du moins aucun
pouvoir et presque jamais aucune envie
de nous nuire. Nous avons perdu sur le

Rhin, comme sur les Alpes, cette mo-
deste, mais efficace ceinture ; nous ne
sommes plus en présence que de grands
voisins que d'un jour à l'autre les circonstances peuvent rendre pour nous, à
nos portes, de redoutables ennemis.

Le gouvernement français a bien fait
de prendre contre de telles chances des
mesures sérieuses militaires et financières. Je ne suis pas sûr que les lois qu'il
a proposées à ce sujet aient été les meilleures possible pour le but qu'il avait à
poursuivre ; j'incline à croire qu'une
prolongation du service militaire et une
amélioration plus notable dans la condi-
tion des hommes de guerre, soldats
comme officiers, auraient plus efficace-

ment fortifié l'armée permanente en per-
mettant d'alléger, dans la garde nationale mobile, le nouveau fardeau imposé
à la population. C'est là l'idée qu'ont
laissée dans mon esprit la préparation et
la discussion, auxquelles jadis j'ai pris
part, des deux grandes lois de recrute-
ment que la France a dues au maréchal
Gouvion Saint-Cyr et au maréchal Soult;
mais, quelque sérieux que soit à cet
égard le dissentiment, il est d'une importance secondaire à côté du fond et du
caractère général de la nouvelle loi qu'a
fermement et habilement soutenue M. le
maréchal Niel. Elle aggrave, il est vrai,
pour la partie de la population qui n'est
pas vouée à la vie des armes, le devoir

militaire envers le pays; mais j'ai la
confiance qu'à tout prendre cette loi sera
efficace pour la puissance militaire permanente et éventuelle de la France. Je ne
sais pas bien s'il y a du trop ou du trop
peu dans les mesures financières qui l'ont
accompagnée; mais là aussi l'efficacité
est réelle, et ce doit être notre préoccu-
pation dominante. J'ajoute que je suis
très-touché de l'abolition de l'exonéra-
tion, comme d'une satisfaction morale
donnée à l'honneur de la législation et
de la carrière militaire. Je prends plaisir
à reproduire ici les belles paroles du général Trochu : « On écarte par là de l'esprit des familles la pensée que l'État con-
sacre l'équivalence entre l'impôt ou le

devoir des armes et l'argent. On écarte
de l'esprit des troupes les habitudes de
spéculation[1]. »

Maintenant que, sans troubler la paix,
la France a fait par des mesures législa-
tives et administratives acte de prévoyance et de puissance, la Prusse dé-
sire-t-elle la guerre ? la rendra-t-elle
inévitable? nous donne-t-elle, par son état
intérieur et ses dispositions, autant de
raisons de nous y attendre que de nous
y tenir prêts ?

La Prusse est, jusqu'ici du moins, une
puissance ambitieuse, non pas une puissance révolutionnaire ; elle n'est pas en

1. *L'Armée française en 1867*, p. 272.

proie à ces idées et à ces passions d'une
portée indéfinie qui poussent les peuples
hors de leur sphère naturelle et les lan-
cent sur le monde comme des météores
imprévus et déréglés. L'ambition de la
Prusse est une ambition allemande ; c'est
à conquérir matériellement et moralement
la domination en Allemagne qu'elle aspire. La France républicaine enflammait
et envahissait l'Europe, tout en protes-
tant, sincèrement d'abord, contre tout
désir et tout dessein de conquête ; ce sont
des conquêtes et des conquêtes dans une
région déterminée que poursuit et fait
quant à présent la Prusse monarchique.
Elle était monarchique quand Frédéric II
l'a faite conquérante ; elle est restée mo-

narchique dans ses jours de mauvaise fortune, elle reste monarchique en rentrant
dans l'ambition des conquêtes. Même au
sein de l'ambition, une monarchie ancienne
et bien établie est astreinte à certaines
limites dans ses desseins et conserve certaines habitudes de prudence ; un pouvoir héréditaire et régulier au dedans
tempère les conceptions et les prétentions
les plus hardies.

Il y a de plus en Prusse un parti plus
préoccupé de ses libertés au dedans que
de ses conquêtes au dehors, et qui aspire à fonder un gouvernement libre plutôt qu'à porter au loin les frontières na-
tionales. Ce parti libéral compte dans
son sein quelques-uns des hommes les

plus distingués et les plus considérés non-
seulement en Prusse, mais dans toute
l'Allemagne et en Europe. Plus d'une
fois déjà il a été, pour le gouvernement
prussien et pour M. de Bismark en particulier, un sérieux embarras ; il est et sera
nécessairement un frein au parti de la
guerre, qui a besoin d'un pouvoir peu sur-
veillé et peu contesté pour marcher rapidement et avec confiance dans sa voie.

La domination prussienne n'est pas
d'ailleurs si goûtée et si bien établie dans
toutes ses récentes conquêtes qu'elle
n'ait pas besoin de modération et de
temps pour s'y affermir. Il y a loin de la
Prusse prenant violemment possession
de la petite république municipale de

Francfort, contre le vœu prononcé des habitants, à l'Angleterre restituant aux îles Ioniennes leur indépendance. Le roi Guillaume et ses conseillers seraient étrangement imprévoyants s'ils oubliaient qu'aux dangers d'une nouvelle guerre pourrait s'ajouter pour eux le mauvais vouloir de quelques-uns de leurs nouveaux sujets.

Je ne dis rien du rôle de l'Autriche en pareil cas : l'Autriche a certainement grand besoin de la paix, et ne prendrait pas légèrement la résolution d'en sortir. Il pourrait cependant lui venir, en cas de guerre, des excitations et des tentations qui ne seraient pas sans effet, et qui imposeraient à la Prusse

7

un grave surcroît de péril et d'effort.

Quels alliés pourrait se promettre la Prusse, si elle tentait une nouvelle guerre d'ambition et de conquête? Je rencontre ici deux questions que je ne veux pas éluder.

IV

L'ITALIE

Je n'ai nul goût à parler de l'Italie. Il
n'y a guère de spectacle plus douloureux
que celui d'un noble peuple compromet-
tant et gâtant une bonne cause. Si l'Italie avait concentré ses efforts sur deux
buts, tous deux naturels et légitimes,
l'expulsion de toute domination étrangère et l'établissement d'un régime libre
dans ses États, la tâche aurait été encore
bien grande; mais avec l'appui militaire

et politique de la France l'Italie y aurait
probablement réussi : elle aurait échappé
du moins aux problèmes, aux complica-
tions, aux hostilités et aux périls qui pèsent
aujourd'hui sur elle. Je ne veux exprimer,
sur l'état présent et l'avenir de l'Italie, ni
mes regrets ni mes inquiétudes, et je
n'ai que peu de mots à dire sur les chances
de sa situation dans le cas où une guerre
nouvelle éclaterait en Europe, avec la
France et la Prusse pour principaux
acteurs.

Que, dans la guerre entre la Prusse et
l'Autriche, l'Italie ait pris parti pour
la Prusse, personne n'a pu s'en éton-
ner ni s'en plaindre : c'était son intérêt
évident comme son droit ; mais mainte-

nant que toutes les questions entre l'Italie et l'Autriche sont vidées, si dans une
guerre entre la France et la Prusse, pour
une question uniquement -allemande,
l'Italie se faisait l'alliée de la Prusse, ce
ne serait pas seulement au plus simple
devoir de reconnaissance, ce serait à son
intérêt le plus clair et le plus pressant
qu'elle manquerait; elle n'est pas si bien
pacifiée et affermie qu'elle puisse affron-
ter toutes les chances. Sans doute elle
pourrait inspirer à la France quelque
inquiétude et lui imposer quelque effort
de plus; mais elle s'exposerait elle-même
à toutes les crises, à tous les périls qu'il
serait si aisé à la France de lui susciter.
Je ne dis rien des dissentiments qui s'é-

7.

lèveraient, sur une telle conduite, dans le
sein du gouvernement et du peuple italiens eux-mêmes ; ce qui se passe en ce
moment à propos du langage de M. d'U-
sedom et du général La Marmora en dit
plus que je ne pourrais ajouter. Roi ou
peuple, membres du parlement ou simples citoyens, ministres ou opposition, les
Italiens sont trop intelligents et trop pru-
dents pour ne pas savoir que, s'ils peuvent trouver que la France n'est pas toujours pour eux un ami assez complaisant,
ils ne pourraient, sans tout oublier et
tout compromettre, le passé et l'avenir,
se ranger parmi ses ennemis. La Prusse,
de son côté, se tromperait fort si elle
se croyait sûre de les avoir pour alliés.

V

LA RUSSIE

La Russie est depuis longtemps, par les liens de famille comme par des motifs politiques, l'alliée de la Prusse ; et, s'il faut en croire les propos diplomatiques et les bruits des journaux, jamais l'alliance entre les deux cours n'a été plus près d'être ou de devenir intime. La Russie est en même temps, comme la Prusse, une puissance ambitieuse et

belliqueuse : à des titres divers, de race,
de voisinage, de religion, de commerce,
elle aspire à des conquêtes considéra-
bles, dans la voie desquelles elle a déjà
fait depuis plus d'un siècle de notables
progrès. Elle est de plus à l'âge de
l'ambition dans la vie des peuples, déjà
forte et encore jeune, déjà éprise de
la civilisation des grands peuples européens, quoique encore fort arriérée à leur
suite. Elle a à sa tête un souverain unique,
à la fois politique et religieux, qui gou-
verne un peuple immense, non-seulement
encore docile et peu exigeant en fait de
bien-être et de liberté, mais respectueux,
affectueux, dur aux épreuves et capable
de dévouement, quoique de jour en jour

moins étranger aux idées et aux désirs
des temps modernes. Ce sont là de
grandes forces entre les mains d'un
grand pouvoir, encore plus grandes pour
la guerre que pour la paix, et l'Europe
serait bien imprévoyante ou bien mala-
visée si elle ne portait pas constamment,
sur ce gouvernement et ce peuple, des
regards attentifs.

Mais à côté de ces forces la Russie a
de grandes faiblesses : elle est beaucoup
moins riche, moins industrieuse, moins
organisée que ses rivaux européens,
moins bien pourvue de moyens de puissance matérielle, et moins habile, moins
prompte à les déployer dans une œuvre
spéciale ou à les concentrer sur un point

donné. Elle est de plus engagée à l'intérieur dans des réformes, ou pour mieux
dire dans des révolutions sociales qui
font honneur à son esprit de justice et
de prévoyance, mais qui jettent, dans la
société russe et dans son gouvernement,
de l'hésitation et de l'embarras, même
quand elles ne les troublent pas violemment. A l'extérieur, la Russie a sur ses
frontières asiatiques des luttes fréquentes
à soutenir, soit avec des peuplades mal
soumises, soit avec des nations à demi
barbares; et sur sa frontière européenne
elle est condamnée à dompter, c'est-à-
dire à anéantir, par un despotisme impi-
toyable, des vaincus héroïques qui ont la
sympathie persévérante de l'Europe,

même quand elle ne fait rien pour eux.

Un gouvernement aux prises avec de
telles affaires n'est pas très-disponible
pour l'ambition et la conquête dans ses
rapports avec des voisins puissants et
disposés à se méfier de ses desseins.
Aussi le gouvernement russe est-il en
réalité remarquablement réservé, pru-
dent, patient, en même temps qu'ambitieux. On parle beaucoup de ses menées
au dehors, tantôt pour ébranler, en les
agitant, les États voisins sur lesquels il
a des vues, comme la Turquie, tantôt
pour satisfaire et encourager les populations qu'il regarde comme sa clientèle et
prêtes à devenir ses instruments, entre
autres les Grecs et les Slaves. Je ne

doute pas de ces agitations ; mais j'incline à croire que le plus souvent elles
sont ou spontanées, dans l'espoir que
tôt ou tard la Russie les appuiera, ou
provoquées par les correspondances et
les influences du peuple russe lui-même
plutôt que par son gouvernement ; et je
ne serais pas surpris que l'empereur
Alexandre II et ses ministres en fussent
souvent aussi inquiets que satisfaits. Le
peuple russe a, quant à ses relations européennes et ses destinées futures, des
passions et des ambitions plus ardentes
peut-être, plus pressées surtout que celles
de ses maîtres. En causant un jour avec
l'un des hommes les plus éminents, par
le caractère comme par l'esprit, de la

diplomatie russe, le baron Pierre de Meyendorf, longtemps ambassadeur à Vienne et à Berlin, je lui témoignais un peu de surprise de l'acharnement de l'empereur Nicolas contre les Polonais : « Vous ne savez donc pas, me dit-il avec un mouvement d'impatience, que l'empereur est le plus Polonais de son empire? »

La Russie d'ailleurs, quelle que soit son intimité avec la Prusse, n'oublie et n'oubliera certainement pas sa propre situation en Europe. C'est sur la Turquie, la mer Noire et les rives du bas Danube que se porte son ambition. Elle sait, et une dure expérience lui a naguère prouvé, qu'elle peut rencontrer là la

8

France et l'Angleterre activement unies contre ses desseins. Si une guerre nou-velle s'élevait aujourd'hui à propos de l'Allemagne, elle ne se renfermerait pas en Allemagne ; la question ou, pour parler plus exactement, les questions de l'Orient européen s'élèveraient aussitôt; et, si la Russie s'était faite en Allemagne l'intime alliée de la Prusse, elle pourrait se voir bientôt engagée pour son propre compte dans une autre lutte, dans la lutte pour elle la plus redoutable. Les États despotiquement gouvernés sont les moins accessibles aux impressions im-prévoyantes et aux amitiés platoniques ; le gouvernement russe est trop attentif et trop éclairé sur ses propres intérêts pour aller étourdiment, au profit de n'importe quel allié, à la rencontre d'un grand péril personnel. Ce qu'il a toujours le plus travaillé à prévenir ou à détruire, c'est l'alliance de la France et de l'Angleterre ; à coup sûr, la campagne de Sébastopol n'a pas atténué pour lui cette inquiétude ; il ne provoquera pas en Europe des événements qui pourraient ramener contre lui la combinaison européenne qu'avec raison il redoute le plus.

Plus je considère, soit dans les gouvernements, soit dans les peuples, la politique générale et les dispositions actuelles des grands États européens, plus je demeure convaincu qu'il n'y a là point

d'intérêt impérieux, point de passion
publique qui aspire à la guerre, la pro-
voque naturellement, et justifie l'inquiétude qu'on en ressent.

———————

III

La Question et les Gouvernements

S.

I·

L'EMPEREUR NAPOLÉON III

Je veux faire un pas de plus; je veux
sonder le caractère et les dispositions
personnelles des principaux acteurs politiques qui président aujourd'hui au
gouvernement des peuples. Dans notre
temps d'idées générales et d'abstractions
philosophiques, on ne tient pas assez de
compte de cet élément individuel dans
l'histoire des États; ils ont bien souvent

dû à la pensée et à l'influence d'un
homme leur bonne ou leur mauvaise
fortune, leur salut ou leur ruine.

De tous les chefs d'État en Europe,
l'empereur Napoléon III est à coup sûr
celui dont le rôle et la responsabilité
dans la question de la paix ou de la
guerre sont aujourd'hui le plus con-
sidérables. Dès son entrée sur la scène
politique, sa situation a été compliquée;
il est monté au pouvoir sous une double
étoile, l'étoile de son nom, nom de
guerre et de grande aventure, l'étoile de
l'ordre et de la paix, gravement com-
promis en France et en Europe par
la révolution de 1848. C'est en flottant
entre ces deux étoiles et sous leur in-

fluence alternative que depuis son avénement il a vécu et régné.

La paix a été d'abord maintenue. Le
rétablissement de l'ordre, d'un ordre
trop arbitraire pour n'être pas précaire,
a été chèrement acheté. Cela fait, l'empereur Napoléon III a voulu donner aussi
satisfaction à son étoile aventureuse et
guerrière ; il a fait en Crimée et en Italie
deux guerres spécieuses et brillantes, au
Mexique une guerre chimérique et mal-
heureuse. C'est beaucoup, c'est assez, ce
me semble, pour l'acquittement de la
dette de Napoléon III envers le nom et
les exemples de Napoléon Ier. C'est là,
je n'hésite pas à l'affirmer, le sentiment
de la France, et aujourd'hui, si je ne me

trompe, celui de l'empereur Napoléon III
lui-même.

En 1855, j'eus l'honneur de le voir,
comme directeur de l'Académie française, pour lui demander son approba-
tion à l'élection de M. Ponsard en rem-
placement de M. Baour-Lormian. C'était
pendant la guerre de Crimée; Sébastopol n'était pas encore pris, le résultat
pouvait paraître incertain. Après ma
mission académique, l'empereur voulut
bien me retenir et me parler de l'état
des affaires dans la mer Noire. Il se
montra préoccupé surtout de l'issue de
la guerre, des diverses voies par les-
quelles on pouvait en sortir et des arran-
gements diplomatiques qu'il y aurait à

prendre pour prévenir la nécessité de recommencer une si chanceuse entreprise. Je fus frappé de la perplexité de son esprit, de sa prudente inquiétude, de sa modération, je me permettrai de dire de sa modestie dans ses désirs et ses vues. Je le quittai persuadé que, s'il avait fait volontiers cette guerre, il ferait encore plus volontiers la paix.

Je ne pense pas que la guerre d'Italie, avec les graves embarras qui se sont joints et qui survivent à ses succès, ni la guerre du Mexique avec sa lamentable issue, aient beaucoup fortifié dans l'âme de l'empereur Napoléon le goût de la guerre et des problèmes méconnus ou imprévus qu'elle soulève. Je ne sais s'il

conserve encore toute cette foi dans sa
destinée, toute cette confiance dans sa
fortune, qui ont longtemps caractérisé
sa conduite et sa vie; l'expérience des
mécomptes et des revers est un lourd
fardeau à porter pour les plus obstinés
optimistes ou fatalistes. D'ailleurs l'âge
vient, et avec l'âge des intérêts moins
personnels et des préoccupations autres
que celles des fantaisies de l'imagination ou des combinaisons de la pensée
solitaire. D'après ces faits et ces vrai-
semblances morales, je présume qu'aujourd'hui, dans la question de paix ou
de guerre qui s'élève à l'occasion des
événements d'Allemagne, malgré les
regrets et les déplaisirs qu'il doit natu-

rellement éprouver, l'empereur Napoléon
est plus disposé à la paix qu'à la guerre,
et qu'il cherchera plutôt à laisser se fer-
mer peu à peu les blessures de la France
et les siennes propres qu'à les envenimer en courant de nouveaux hasards.

On dit qu'il y a autour de lui, même
dans son conseil, des partisans de la
guerre; on prête aux ministres de la
guerre et de la marine le désir de prou-
ver que les forces militaires qu'ils viennent
d'organiser sont en état de braver toutes
les chances et d'assurer à la France la
victoire. Je comprends ce sentiment de
la part de vaillants et capables guer-
riers; mais le maréchal Niel et l'amiral
Rigault de Genouilly sont aussi des

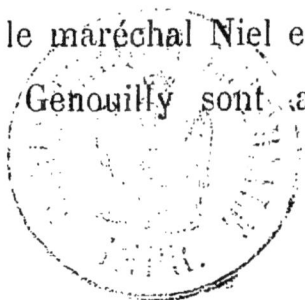

9

hommes trop sesnés et de trop bons
citoyens pour ne pas subordonner leur
sentiment personnel à celui de leur pays
et à la politique générale de son gouvernement. L'énergique et habile défenseur
de cette politique dans les assemblées
délibérantes du régime impérial, M. Rou-
her, s'est constamment prononcé pour
la paix, sans doute par conviction personnelle comme pour remplir sa mission
officielle.

Je ne parle pas des partisans que peut
avoir la guerre en dehors du gouvernement et dans telle ou telle fraction du
public; après tout ce qui s'est passé en
France depuis trois quarts de siècle, il
ne se peut pas qu'il n'y ait point parmi

nous des esprits hardis, brillants, spé-
cieux, prompts à tout concevoir et à tout
tenter, et pour qui la guerre est un vaste
champ de combinaisons et de chances
où se joue audacieusement leur pensée.
Je doute que, s'ils avaient à porter le
fardeau et la responsabilité du gouvernement, ils s'adonnassent si librement à
pareil jeu, et en tout cas ils ne me pa-
raissent pas en mesure d'exercer sur les
résolutions des grands pouvoirs de l'État
une sérieuse influence. Je ne vois en
France aucun parti, aucun homme,
que la politique de la paix ait vraiment à redouter. C'est de la pensée et
de la volonté de l'empereur Napoléon
lui-même et lui seul que dépend son sort.

II

LE CABINET ANGLAIS — LORD STANLEY
— M. GLADSTONE

Il n'y a aujourd'hui en Angleterre nul homme qui, sous les conditions d'un gouvernement libre, dispose à peu près de la politique extérieure de son pays, comme l'ont fait longtemps sir Robert Walpole, M. Pitt, même lord Castlereagh et lord Palmerston ; mais le cabinet anglais ne contient, et celui qui lui succédera, si sa succession vient à s'ouvrir,

ne contiendra très-probablement aucun
membre qui ne soit favorable à la politique de la paix, devenue la politique générale et populaire de l'Angleterre. Le
ministre actuel des affaires étrangères à
Londres, lord Stanley, a déjà fait ses
preuves en fait d'esprit pacifique; sa
conduite et son langage envers les États-
Unis d'Amérique, dans l'expédition d'A-
byssinie et dans les diverses questions
pendantes en Europe, ont été empreints
d'un caractère de modération intelli-
gente, d'impartialité digne et de force
tranquille qui font honneur et à lui-même
et au pays qui l'approuve hautement. Si
les élections donnent dans le prochain
parlement la majorité au parti libéral, le

chef annoncé de son cabinet, M. Gladstone, appartient par ses sentiments moraux et religieux, par ses lumières, par
tout l'ensemble de son caractère et de sa
vie, à la politique pacifique ; et l'homme
qui sera sans doute son plus puissant
allié dans le parlement, peut-être son col-
lègue dans le gouvernement, M. Bright
est le plus ferme comme le plus éloquent
représentant de ce parti radical qui a
pris pour maxime fondamentale la non-
immixtion dans les affaires des autres
peuples et la paix. Dans l'état présent
de l'Europe, il ne viendra du gouvernement anglais, on peut l'affirmer, aucune
impulsion à la guerre, aucune influence
qui ne soit pour le maintien de la paix.

III

L'EMPEREUR ALEXANDRE II ET LE PRINCE GORTSCHAKOF

Le souverain et le ministre des affaires étrangères de la Russie ne sont pas pacifiques de la même façon et par les mêmes raisons que M. Gladstone et lord Stanley ; ils le sont pourtant, en ce sens du moins qu'ils ne sont ni en mesure ni en goût de prendre en Europe l'initiative et la responsabilité de la guerre. « La Russie ne boude pas, elle se re-

cueille,» disait en 1856 le prince Gortschakof. C'est encore aujourd'hui sa politique, et le caractère des hommes qui
la gouvernent s'en accommode aussi
bien que l'intérêt du pays. L'empereur
Alexandre II est un prince modéré,
fidèle à l'esprit de sa nation et aux traditions de sa race et de son trône, mais
plus sensible aux jouissances de la vie
domestique et aux plaisirs de la cour et
du monde que jaloux de conquêtes et de
pouvoir. Le prince Gortschakof, que je
n'ai pas l'honneur de connaître et qui
s'est montré plusieurs fois homme d'esprit dans son attitude et son langage,
est, dit-on, plus soigneux de sa position
et de son crédit personnel qu'ardent à

chercher des occasions de grande activité et de renommée. Les perspectives
d'Orient et l'absolue domination de la
Pologne, sont les grandes affaires des
maîtres de la Russie ; ce qu'ils désirent
par-dessus tout, c'est de n'être pas en-
través dans ces deux intérêts supérieurs.
Je ne sais jusqu'à quel point ils pourraient se laisser engager par leur intimité avec la Prusse dans une grande
guerre au centre de l'Europe; mais je
suis persuadé qu'à moins de circonstances très-improbables ils la redoute-
raient bien plus qu'ils ne l'appelleraient,
et qu'en tout cas ils ne feront rien qui
puisse la provoquer. Les dispositions
personnelles des gouvernants de la Russie

sont en ceci pleinement d'accord avec le
sentiment du pays, tel que le définissait
naguère le prince Gortschakof.

IV.

LE ROI GUILLAUME Ier ET LE COMTE DE BISMARK

La Prusse est évidemment aujour-
d'hui la seule puissance animée d'une
ambition agressive et qui soit disposée à
poursuivre son but d'agrandissement
sans souci du droit et au prix de la
guerre. J'ai dit tout à l'heure quelles
raisons me font penser que cette ambition est, quant à présent, assez satisfaite, et la Prusse assez préoccupée de

s'établir dans sa nouvelle situation pour ajourner à un temps indéterminé ses désirs ultérieurs. Les dispositions personnelles des deux hommes qui gouvernent la Prusse s'accommodent volontiers de cet ajournement. Je dis des deux hommes, car je connais trop peu les militaires prussiens qui se sont signalés dans la dernière guerre pour bien apprécier leurs intentions et leur influence dans leur patrie ; le roi Guillaume Ier et M. de Bismark sont les deux seuls Prussiens dont l'action politique soit connue de l'Europe et paraisse décisive. Le roi Guillaume est essentiellement un honnête homme, un conservateur sincère , par conviction comme par habitude , et qu'on aurait,

je crois, bien étonné, il y a trente ans,
si on lui avait dit à quelles violations du
droit public, à quelles usurpations sur
des princes amis et des villes libres allemandes, à quel bouleversement de la
constitution de l'Allemagne il se prête-
rait un jour. Il a fallu toute la puissance
de l'esprit national prussien et de la
part de M. de Bismark un habile et
persévérant travail, pour surmonter les
scrupules comme les souvenirs royaux,
et pour faire, avant toute conquête en
Allemagne, la conquête, en Prusse, du
roi de Prusse lui-même. Le but a été
atteint ; en dépit du droit public et des
anciennes amitiés, les passions de la
nation prussienne et le savoir-faire de

M. de Bismark ont fait de leur roi un
envahisseur et un conquérant.

Pourtant le roi Guillaume n'est pas
changé. Il s'est prêté à tout ; il a atta-
qué l'Autriche, envahi le Hanovre, pris
violemment Francfort ; il croit avoir
rempli son devoir envers la Prusse, et
obéi au dessein de Dieu sur son peuple
et sur lui-même. Il n'a point, dans son
attitude et son langage depuis la bataille de Sadowa, l'arrogance et les
prétentions illimitées d'un vainqueur ;
il s'est établi avec modestie dans sa
nouvelle situation. Ni son caractère,
ni son ambition personnelle ne provo-
queront de nouvelles guerres ; il reste
un prince modéré et ami de la paix.

Quant à M. de Bismark, je ne relèverai que deux faits. Au dehors, après avoir recueilli les fruits d'un grand succès, il s'est arrêté ; il s'est hâté d'accepter des limites à sa victoire et de la consacrer par la paix. Au dedans, il était avant la guerre en lutte déclarée avec le parti libéral prussien, hautain dans son langage, souvent arbitraire et violent dans ses actes envers ses adversaires ; il s'est modéré ; il n'est pas devenu un libéral populaire, mais il a été réservé, tranquille, quelquefois impartial et conciliant envers l'opposition libérale. Je ne sais ce qu'il fera dans l'avenir : c'est évidemment une nature ardente, hardie, ambitieuse, impétueuse ;

mais depuis qu'il est puissant, il s'est
montré capable de mesure, de prudence,
de patience. J'incline à croire qu'il com-
prend qu'aujourd'hui, pour lui-même
comme pour son pays, l'heure est venue
d'adopter les procédés et de déployer
les mérites d'un gouvernement régulier,
et qu'il ne se lancera pas légèrement
dans de nouveaux hasards.

Soit que je considère les faits géné-
raux ou les faits personnels, la situation
des peuples ou le caractère des princes
et de leurs ministres, je ne vois nulle
part que les passions et les chances de
la guerre dominent; je reconnais partout
la prépondérance des sentiments, des
intérêts et des instincts de la paix.

IV

La Solution — Ce que doit être la politique de la paix

Je reviens à mon point de départ. D'où provient donc parmi nous le fait que j'ai signalé d'abord? Pourquoi cette inquiétude générale et obstinée des esprits et des intérêts? A quoi tient cette extrême difficulté de croire à la paix quand, chez nous et autour de nous, tout semble, je ne dis pas seulement la conseiller, mais la rendre aussi probable que salutaire?

L'indécision réelle ou apparente du pouvoir est la cause, la vraie cause du

mal. Je dis l'indécision réelle ou apparente, car l'apparence de l'indécision
produit les mêmes effets que la réalité.
Après ce qui s'est passé naguère en Europe et en présence des questions sou-
levées et pendantes, il faut une politique,
une politique décidée et claire. Le gouvernement impérial n'a point de politique; il a du moins l'air de n'en point
avoir et d'attendre ce qui arrivera pour
savoir ce qu'il pense et ce qu'il fera.

Que son embarras et son indécision
aient pour première cause ses fautes
dans le cours des récents événements,
cela est certain : il a eu tort de ne pas
prévenir, de concert avec l'Angleterre,
la guerre de Danemark; il a eu tort de

laisser aller, comme il l'a fait, la guerre
entre la Prusse et l'Autriche, se mon-
trant bienveillant et encourageant tour
à tour pour l'une et l'autre des deux
puissances, et sans doute attendant que
les alternatives et la fatigue de leur lutte
prolongée lui ouvrissent à lui-même un
beau champ de succès. Trompé dans
son attente par la bataille de Sadowa,
le gouvernement impérial a eu raison
de ne pas voir dans la victoire de la
Prusse une cause suffisante et actuelle
de guerre ; la guerre en ce moment
n'eût fait que livrer plus complétement
à la Prusse toute l'Allemagne, qui s'en
serait irritée comme d'une atteinte à son
indépendance nationale et à ses droits

d'organisation intérieure, unitaire ou
fédérale. De plus, l'Europe entière aurait
vu, dans la guerre ainsi soudainement
entreprise par la France, une reprise de
l'ambition et des traditions napoléo-
niennes, et tôt ou tard les conséquences
antifrançaises d'une telle inquiétude
européenne n'auraient pas manqué de
se développer. Tout en maintenant avec
raison la paix, le gouvernement impérial a eu raison aussi de prendre en
même temps les précautions et les mesures correspondantes au nouvel état de
l'Europe centrale, et de se montrer
prêt, d'être réellement prêt à la guerre,
si la guerre devenait inévitable et op-
portune pour la France ; mais cela fait,

et la puissance militaire de la France
bien démontrée et établie, le gouvernement français ne saurait rester, pas
plus en apparence qu'en réalité, je le
répète, incertain et flottant entre la
guerre et la paix. Si la guerre était probable, si elle devait naturellement ré-
sulter des faits accomplis, je compren-
drais qu'il gardât une attitude à la fois
expectante et menaçante, et que, sans
prendre la brusque initiative de la guerre,
il imposât à l'Europe comme à la France
le fardeau de cette redoutable perspective; mais si la guerre n'est pas probable, si l'Europe, la Prusse comprise,
sent autant au moins que la France le
besoin et le désir de la paix, le gou-

vernement français ne doit pas laisser
ouverte la perspective de la guerre, et
tenir à cet égard la France et l'Europe
dans une inquiétude déplorable pour
tous les intérêts, français et européens,
moraux et matériels.

C'est sur cette question : la guerre
est-elle probable et à peu près inévitable? que le gouvernement français est
tenu d'avoir un avis décidé et une politique également décidée et conforme à
cet avis.

Je suis convaincu et je viens, à mon
sens, d'établir que la guerre n'est ni
inévitable, ni probable, et que maintenant, pour un temps indéterminé,
l'Europe, comme la France, aspire à la

paix : quelle est la politique décidée et
efficace que ce grand fait, s'il le recon-
naît, conseille au gouvernement impérial?

Des paroles, même les meilleures et
les plus répétées, ne suffisent pas pour
accréditer et rendre efficace la politique
de la paix ; il y faut des actes qui sup-
priment les apparences mêmes de l'hésitation entre la paix et la guerre, et qui
ramènent la confiance dans les esprits
et dans les intérêts en prouvant que le
gouvernement lui-même a confiance dans
ses résolutions, dans les raisons qui les
lui inspirent et dans les résultats qu'il
en attend.

Il n'y a qu'un acte qui, dans l'état
actuel des affaires européennes, soit sé-

rieux, significatif et efficace : c'est le
parti pris par le gouvernement de mettre
les forces militaires de la France sur le
pied de paix. Je préfère cette expression,
pied de paix, à celle de *désarmement,*
parce qu'elle est plus vraie, et parce
qu'elle affirme nettement la politique de
la paix sans lui donner aucun air de faiblesse et sans exclure aucune des preuves
ni des garanties de force qu'un grand
pays comme la France doit conserver au
sein même de la paix, et qui varient
selon les circonstances du présent et les
chances de l'avenir.

En 1848, lorsque, après un grave
échec de notre politique en Orient, le
roi Louis-Philippe me fit l'honneur de

me rappeler de l'ambassade de Londres
pour me confier, dans le cabinet du
29 octobre, le ministère des affaires étrangères, ce fut au nom de la paix et pour
la conserver, malgré les difficultés et les
périls dont elle était menacée, que le
nouveau cabinet se forma et que j'y
acceptai la direction de la politique extérieure. Mais en proclamant tout haut, en
pratiquant effectivement cette politique,
nous n'hésitâmes point, non-seulement à
maintenir, mais à accomplir les principales mesures de prévoyance et de force
que le cabinet précédent avait adoptées
dans la perspective de la guerre : les
fortifications de Paris furent défendues
dans un solennel débat contre leurs adver-

saires et complétement exécutées ; d'autres mesures, qui avaient pour objet soit
la sûreté d'autres places, soit le bon
état de l'armée, furent également exécutées. Le pied de paix militaire de la
France fut ainsi placé au niveau de l'é-
tat de ses relations avec l'Europe ; et
pourtant non-seulement la paix européenne fut maintenue, mais la confiance
dans la paix fut promptement rétablie en
France et en Europe ; les plus inquiets
au dedans, les plus méfiants au dehors,
n'eurent aucun doute sur la résolution du
gouvernement français, sur l'efficacité
comme sur la sincérité de cette résolution. Quand les actes ont un caractère
sérieux, cohérent et décisif, les hommes

ne tardent pas à le reconnaître et à se
conduire eux-mêmes en raison d'une politique à laquelle ils croient. Que le gouvernement impérial adopte la politique
de la paix décidément, hautement, avec
conséquence dans ses actes comme dans
ses paroles, et de telle sorte que, ni en
France ni en Europe, les hommes d'intel-
ligence et de sens ne puissent à ce sujet
rester incertains ; il pourra mettre alors
à notre établissement militaire sur le
pied de paix les conditions et les garanties correspondantes à l'état actuel des
affaires européennes, personne ne s'en
étonnera ; l'attitude de la France restera
forte, et la paix n'en sera pas moins
assurée.

11.

Il ne m'appartient pas de rechercher
ici quelles peuvent ou doivent être ces
garanties ; c'est uniquement du but pré-
cis et du caractère dominant de la politique française que je m'occupe, non
des mesures accidentelles qu'elle peut
admettre sans en être dénaturée ou
obscurcie.

Par quel procédé et dans quelle mesure le gouvernement français peut-il
manifester efficacement et convenable-
ment son parti pris pour la politique de
la paix?

On a souvent parlé d'un congrès et
de la question de la paix remise à une
délibération européenne. Je ne crois ce
procédé ni efficace pour la solution de la

question, ni convenable pour la France.
Les congrès sont bons pour régler les
résultats du passé, non pour déterminer
l'avenir. Quand de longues luttes militaires et diplomatiques ont amené entre
divers États des rapports et des faits nouveaux mais accomplis, et quand ces États
sont, tous ou la plupart, décidés, comme
on dit familièrement, à en finir en réglant,
dans ses conséquences acquises et par des
transactions mutuelles, la situation nouvelle qu'ils reconnaissent tous, alors les
congrès sont naturels et utiles. Tels ont
été en Europe, à trois époques bien dif-
férentes, les congrès de Munster, d'U-
trecht et de Vienne ; mais, quand il s'agit
d'une question d'avenir et de la conduite

de tel ou tel État dans une situation
incertaine et pour un intérêt suprême,
les congrès sont vains et ne servent qu'à
envenimer les causes de désordre et de
lutte.

Ce n'est pas à un congrès qu'il appartient de décider si et pour combien
d'années la Prusse cessera d'être ambitieuse et conquérante, et si l'extension
actuelle de la puissance de la Prusse est
pour la France un motif légitime et suf-
fisant de guerre. C'est à chaque État de
résoudre lui-même et lui seul de tels
problèmes. Le gouvernement français
ne saurait soumettre à une délibération
européenne celui dont il est aujourd'hui
justement préoccupé; c'est à lui de sa-

voir si, dans le nouvel état de l'Europe, il croit la paix possible et probable, et si, pour son compte et dans l'intérêt bien entendu de la France, il lui convient de la maintenir. C'est par un acte propre, spontané et dépendant de son seul pouvoir qu'il doit manifester à cet égard sa pensée et sa résolution.

Qu'avant d'accomplir cet acte, avant de déclarer son intention de mettre l'état militaire de la France sur le pied de paix, il sonde soigneusement les dispositions des autres grandes puissances et s'assure qu'elles croient, comme lui, la paix possible et probable, qu'elles ont, comme lui, le dessein de la maintenir, et qu'elles entreront dans la voie qu'elle

ouvre, soit en prenant elles-mêmes, soit
en pressant leurs amis de prendre des
mesures analogues à celles qu'il se pro-
pose d'adopter, c'est là, pour le gouvernement français, un impérieux devoir
comme la plus naturelle prudence. Quoi
qu'on en dise vulgairement, la diplomatie est aujourd'hui bien peu mysté-
rieuse ; elle a peu de secrets, et elle ne
réussirait guère à les garder : pour peu
qu'il ait de clairvoyance et d'activité, il
est facile à un grand gouvernement de
n'être pas trompé et de bien connaître,
avant d'agir, ce que pensent et feront
de leur côté ses voisins.

V

Conclusion

De tous les faits que je viens de rappeler, une conclusion ressort avec évidence : c'est sur la France et sur la Prusse que porte le poids de la situation actuelle et de la responsabilité qui s'y attache; c'est la perspective d'un duel entre ces deux puissances qui excite l'inquiétude générale et tient les esprits en perplexité et les affaires en suspens. Il y a déjà plus de deux ans que les faits qui auraient pu déterminer le duel se sont accomplis; de la part de quelques-

12

unes des puissances européennes, des
traités ont consacré ces faits; par d'autres, ils ont été notoirement acceptés ou
admis en silence. Le duel a été ajourné.
Reste-t-il probable et inévitable? Peut-il
être rejeté dans les ténèbres d'un lointain
avenir? C'est de la conduite des deux
puissances engagées dans cette question
que cela dépend; mais que ni l'une ni
l'autre, ni aucune des puissances européennes encore simples spectatrices ne
se fassent illusion; si la lutte éclatait,
elle cesserait bientôt de n'être qu'un duel.
Il y a des maladies matérielles et indivi-
duelles auxquelles les savants contestent
aujourd'hui le caractère de contagieuses;
les maladies morales et sociales le sont

maintenant plus certainement et plus rapidement que jamais. Je ne m'arrête pas à dire pourquoi. Je tiens pour assuré que, si la guerre commençait entre la France et la Prusse, la contagion belliqueuse, avec passion ou à regret, gagnerait bientôt presque toute l'Europe; la guerre a pu être cantonnée en Crimée et en Italie; elle ne le serait pas longtemps en Allemagne, centre et théâtre des grandes nations et des grandes ambitions européennes. Personne ne peut prévoir quelles seraient toutes les conséquences d'un tel mouvement, ni lesquels des belligérants y succomberaient, ni combien tous en souffriraient, ni quelles nouvelles faces prendraient les gouver-

nements européens. Je suis convaincu
que la France et la Prusse sont très-
éloignées de vouloir déchaîner sur l'Europe cette violente et obscure tempête;
cependant qu'elles y prennent garde :
elles sont bien grandes, mais l'avenir
qu'elles ont entre les mains est plus
grand qu'elles, et elles en sont responsables à bien d'autres qu'à elles-mêmes.
Il ne m'appartient pas de pressentir ce
que fera la Prusse, ni de lui donner des
conseils; c'est une nation vaillante et
éclairée; elle a un gouvernement national et habile qui est en marche pour devenir un gouvernement libre; elle vient
d'obtenir un succès considérable; qu'elle
ne le rende pas insupportable à ses voi-

sins ; qu'elle ne gâte pas sa destinée par
des passions et des ambitions grossières
et aveugles qui ne sont plus celles de la
civilisation moderne et de la grande pensée humaine. Quant à la France, dans
la crise où elle est engagée de si près,
elle vient de faire depuis deux ans acte
de modération et de prudence, acte de
prévoyance et de force; elle a gardé la
paix ; elle s'est mise en mesure pour la
guerre. C'est quelque chose, ce n'est
pas assez ; la situation, telle qu'elle reste
aujourd'hui pour la France elle-même
comme pour l'Europe, n'est pas tolé-
rable; elle suscite des alarmes, elle im-
pose aux peuples des charges et tient les
gouvernements sur un *qui vive* qu'ils ne

sauraient accepter longtemps. Il faut un
avenir plus clair et plus long pour que
la confiance, l'activité et la prospérité
publiques reviennent; il faut une politique plus décidée, plus cohérente et
plus efficace pour assurer un tel avenir.
Qu'en manifestant son dessein de mettre
son état militaire sur le pied de paix, et
en provoquant ses voisins à en faire autant, la France prenne l'initiative de cette
politique : je n'ai garde de prétendre en
indiquer ici toutes les conditions et tous
les moyens; je suis loin d'en méconnaître
les difficultés et les périls; mais je suis
sûr qu'en l'adoptant hautement et en la
pratiquant avec conséquence comme sans
duperie, la France aurait grande chance

de la propager autour d'elle, et qu'elle en recueillerait autant de crédit en Europe que de sécurité et d'impulsion prospère dans ses propres foyers.

Val-Richer, septembre 1868.

FIN.

TABLE.

PARIS. — J. CLAYE, IMPRIMEUR. — [1206]